DRÔLES D'**AVENTURES**

© Éditions Gallimard Jeunesse, 2003, pour le texte et les illustrations.

Enquête à Mon Quotidien

auteur
Yves Hughes

illustrateur
Berth

Gallimard Jeunesse

Chapitre 1
Stage à Mon Quotidien

Je me suis réveillée tôt. Direction la cuisine, préparation du petit déj. Un chocolat pour moi, un café viennois pour papa. J'ai failli marcher sur Le Chat.

– Bien dormi, toi ?

Moi, très mal.

Aujourd'hui était un grand jour.

La veille au soir je n'avais pas trouvé le sommeil tellement j'étais excitée, et bien sûr aussi à cause du bruit des machines. Du plus loin que je me souvienne, je me suis toujours endormie dans le ronronnement rauque des grandes rotatives.

C'est la nuit qu'on imprime les journaux. Pour qu'ils soient chauds au petit matin. Comme les croissants. Ils sortent à l'aube, tout craquants, prêts à être livrés chez les marchands, dans les kiosques, sur les tourniquets des gares et des aéroports. Tout frais pour être lus sur un comptoir de bistrot, dans le bus, le métro, le train ou au bureau.

J'habite une imprimerie. Enfin presque.

Mon père en est le gardien.

Depuis toute petite je le vois arpenter les ateliers. Il entretient les encarteuses-piqueuses, nettoie les plieuses, dorlote les refroidisseuses. Il éteint les lumières, ferme les portes, prévient les courants d'air et les courts-circuits. Il contrôle les réserves d'encre et protège le papier de l'humidité. Parfois il donne un coup de main pour transporter les cartons de livres et les piles de journaux.

Sa chambre était silencieuse. Il dormait encore.

Notre maison se dresse à l'entrée de l'imprimerie, près du grand portail par où arrivent les employés. La façade donne sur la rue. Par les fenêtres du salon on voit la cour avec le vieux marronnier. L'arrière touche l'atelier de production. Il n'y a qu'un simple mur entre mes posters de chanteurs et les rotatives qui fonctionnent toute la nuit.

Autrefois, les vieilles machines faisaient trembler mes poupées sur l'étagère. Maintenant ce sont de nouveaux modèles qui ne font plus vibrer les murs. J'entends seulement leur souffle. De toute façon je n'ai plus de poupées depuis longtemps.

Le bruit de l'imprimerie ne me dérange pas. Au contraire. J'ai été élevée avec.

Quand mon père venait au bord de mon lit pour me lire une histoire, sa voix était accompagnée par le bruit des machines. Une voix qui roulait jusque dans mon sommeil pour bercer mes rêves.

Et mes rêves, aujourd'hui, j'allais les vivre en vrai.

Mon entrée dans le monde du journalisme ! Dix jours de stage à *Mon Quotidien*. C'est ce que j'avais gagné au concours : « Écrivez une nouvelle en cinq cents mots maximum. »

Mon texte était poétique. J'avais imaginé un bébé pingouin qui refuse de voir en noir et blanc et qui toute sa vie va chercher la couleur, sur la banquise, au milieu de ses frères.

Les corn-flakes éclataient au milieu du chocolat dans mon bol. En attendant d'apporter son café viennois à papa, je suis allée me planter devant la fenêtre. Le marronnier n'avait pas encore ses feuilles et les équipes de jour commençaient à arriver.

– Déjà debout, Léa ?

Mon père était dans mon dos, ébouriffé, mal réveillé. Même son tee-shirt bâillait.

– C'est aujourd'hui ! ai-je dit en courant lui chercher sa tasse.

C'est une habitude entre nous depuis que maman est morte. Quand je me lève la première, c'est moi qui lui prépare son café du matin. Faut bien que je m'occupe de lui.

Jean ou velours ? Pull rouge ou chemisier noir ? Baskets ou boots ? Je cherchais comment une journaliste sérieuse pouvait bien s'habiller. Quelque chose de strict, mais pas trop. Ça bouge, une jeune journaliste. Souvent ça va sur le terrain. Ça interroge les gens. Parfois ça doit séduire.

Bon allez, ce serait jean, boots et pull !

C'est en prenant ma montre sur la table de nuit que j'ai remarqué le petit paquet cadeau. Je l'ai ouvert. Un stylo plaqué or. Il y avait une carte. L'écriture de papa.

« Pour tes premiers pas dans le journalisme. Tes premiers mots. Qu'il t'accompagne. Loin. »

Chapitre 2
La faute à qui ?

Mes premiers pas dans le journalisme ont été fracassants. Aussi fracassants que la porte qui venait de claquer derrière moi. Le rédacteur en chef hurlait au visage de sa collaboratrice :

– Deux jours que ça dure ! Tu as des explications, j'imagine ?

La pauvre avait l'air terrifiée. Ses longs cils de biche effarouchée n'arrivaient pas à tempérer la furie du rédacteur en chef qui sortait d'un tiroir deux numéros de *Mon Quotidien* pour les jeter sur son bureau d'un geste ulcéré.

— Tu es correctrice, non ? Payée pour relire chaque soir le journal et supprimer les coquilles ! Mais depuis deux jours, Pauline, les plus grosses t'échappent. Tu ne les vois pas !

Il s'est tourné vers moi et m'a tendu un exemplaire du journal.

— Tiens, toi ! Tu vas au collège ? Tu as appris le français ? Comment tu écris « cravate » ? Hein ? Dis-nous, toi ? Combien tu mets de « t » ?

J'osais à peine répondre. J'ai bafouillé :

— Un seul.

Il triomphait, pointait du doigt la correctrice.

— Elle en met deux, elle !

J'allais peu à peu comprendre la situation. Depuis deux numéros, le journal était truffé de fautes d'orthographe. « Cravatte », « irondelle », « aranger »… sans parler de certains accords du participe passé.

Pour le rédacteur en chef, c'étaient d'inacceptables étourderies qu'il ne pouvait plus tolérer. Sur son bureau s'empilaient les lettres de mécontentement.

– Le journal est tiré à plus de 65 000 exemplaires, m'a-t-il dit une fois la correctrice partie. Vingt pour cent des abonnés sont des établissements scolaires. « Irondelle » et « cravatte », ça la fout mal ! Une faute de plus et certains finiront par se désabonner ! Nous devons respecter nos lecteurs. C'est la première règle.

Il décolérait, me proposait un café. Non merci, j'avais encore les corn-flakes et le chocolat chaud dans le ventre.

Mais je retenais la première règle du métier.

La deuxième a été formulée un peu plus tard par un des journalistes qui s'asseyaient autour de la table de conférence.

– Écrire simple, concret, direct. Et faire des phrases courtes.

Ça, pour les phrases courtes, je crois que je suis plutôt bonne. Ma prof de français aurait tendance à me le reprocher.

La conférence de rédaction se déroulait de façon immuable, chaque jour à 9 h 15. C'est la grande réunion où se choisissent les sujets. Tous les journalistes sont présents, sous la direction du rédacteur en chef.

– Commençons par la Une de l'actu…

Ce jour-là, la conférence a duré plus d'une heure et

demie. Chacun a proposé des idées d'articles. On approuvait, on contestait, on discutait.

– Les derniers mouvements de la marée noire en sous-papier.

– Et pour la prise d'otage du Mans ?

– Georges est sur place. Il doit nous appeler dans l'après-midi.

– Le serial killer du Connecticut…

– Toulon sous la neige…

Il fallait aborder les quatre grandes rubriques : « Événement », « Pages France », « Pages monde » et « Pages culture ». En gardant la fin du journal pour les brèves et l'avis des lecteurs.

– Le tunnel du Mont-Blanc ?
– On attend.
– L'affaire Harry Potter ?
– Quatre cents signes en culture. Tu peux faire ça dans la journée ?

Le rédacteur en chef tenait devant lui le « chemin de fer », une feuille où il crayonnait le plan du futur numéro avec l'emplacement de chaque article selon sa longueur.

– Qui veut couvrir la grève des infirmières ?

Il y avait les spécialistes de la politique, de la nature, de l'économie, de la culture, et puis les journalistes sportifs et ceux qui se chargeaient des faits divers.

– Une critique de la nouvelle GameStrak ?
– Trouve un testeur. Quatorze ans maxi.
– On pourrait faire une enquête sur le dernier modèle de tramway ?

Le rédac chef m'avait présentée. Ils savaient tous que j'allais passer dix jours avec eux. Certains m'avaient regardée d'un œil amusé, d'autres avec paternalisme. Et j'avais cru déceler de l'agacement chez quelques-uns.

Pauline, la correctrice, était assise à côté de moi. En plus de son travail, il lui arrivait de signer des articles.

– Si tu veux, on en écrira ensemble.

On s'est levés. Plusieurs journalistes sortaient allumer une cigarette dans la cour. Il avait été décidé de traiter des animaux dans les zoos pendant l'hiver, des cantines scolaires et du prochain match PSG/Marseille.

Les cantines scolaires et le foot, merci bien ! Je leur laissais. Je connais trop bien les premières et pas assez le second. Et tous les deux me « gonflent ». En revanche, les animaux, je voulais bien essayer de participer à l'enquête.

Le secrétaire de rédaction m'a encouragée :

– Tu disposes du reste de la journée pour les investigations et la rédaction de ton papier. Il faut que tout soit fini ce soir à neuf heures et demie.

Heure à laquelle le journal était envoyé à l'imprimerie.

L'iconographe décrochait son téléphone pour mettre au courant le dessinateur des sujets

retenus. Il bouchait le micro du combiné, m'expliquait :

— Berth habite en province. Il va s'y mettre tout de suite. Et il nous enverra ses dessins dans l'après-midi.

Je le connais, Berth. Du moins son coup de crayon. Au collège, on est nombreux à être abonnés à *Mon Quotidien* et on est tous fans. Même les profs s'éclatent à découvrir chaque matin ses nouveaux dessins.

L'iconographe s'appelait Marc. Il a raccroché puis s'est mis à visiter sur son écran les banques d'images de l'Agence France Presse et de l'Associated Press, qui centralisent et répercutent les infos et les photos. Il y sélectionnerait les photos susceptibles d'illustrer les articles.

Pauline me prenait le coude en sortant de l'immeuble.

— C'est un gros boulot. Le rédac chef pense qu'on peut étaler notre dossier sur cinq ou six numéros. Tu t'occupes du Jardin des Plantes et je fais le zoo de Vincennes, d'accord ?

— D'accord.

Son enthousiasme ne parvenait pas à dissiper sa contrariété. Avant de me quitter sur le trottoir, elle a insisté :

— Je n'ai jamais laissé passer ces fautes d'orthographe. Tu me crois, toi ?

Je ne demandais que ça.

Mais il fallait bien que quelqu'un les ait faites.

Le pensait-elle aussi ? Avait-elle un doute sur un des collaborateurs du journal ? Avait-elle décidé de les espionner ?

Parce que…

Avant de bifurquer vers Bastille, je me suis retournée. Et je l'ai vue qui revenait sur ses pas, redescendait la rue pour s'engouffrer dans la laverie automatique jouxtant l'entrée du journal.

Comme une voleuse.

Chapitre 3
Sourire d'orang-outang

J'ai appelé papa pour le prévenir que je ne rentrais pas déjeuner. Puis j'ai eu Alex.

– T'es où ma vieille ?

– Je sors du métro Gare d'Austerlitz, je vais voir les bébêtes du Jardin des Plantes.

Lui, évidemment, il était devant son ordinateur. Je lui ai résumé ma matinée, le journal, la conférence de

rédaction, mes premiers futurs articles. Tout ce qui allait occuper mes vacances de février.

Et je n'ai pas oublié d'évoquer cette histoire de fautes d'orthographe.

– C'est pas bien grave ! a-t-il fait.

Lui, les fautes, ce serait plutôt sa spécialité. Beaucoup plus doué en informatique qu'en français.

– Faut que je te laisse, Alex, je vais bosser ! On se voit ce soir ? J'aurai une surprise pour toi. Tu passes à la maison ?

– À quelle heure ?

J'ai joué la grande pro.

– Pas avant… attends… on boucle vers vingt et une heures trente, passe à dix heures et demie. Tu veux ?

Lui aussi est abonné à *Mon Quotidien*. J'espérais bien l'épater. J'imaginais déjà ses grands yeux verts s'écarquiller en lisant mes articles.

Mes articles… ses yeux verts… mon paradis.

J'ai interrogé tout le personnel de la ménagerie du Jardin des Plantes. Soigneurs, nutritionnistes, gardiens. Plus le vétérinaire qui faisait une piqûre à un crocodile pour opérer la cornée de son œil gauche. Un dentiste était avec lui. Le vieux croco avait aussi des caries.

La fauverie était fermée. Lions, tigres et panthères à l'abri.

Les reptiles, eux, l'hiver ne les gênait pas. Ils vivaient en permanence à l'intérieur d'un bâtiment surchauffé. Ça puait, là-dedans !

Les loups non plus ne souffraient pas du froid. Leur fourrure les protégeait.

Je prenais des notes avec mon stylo sur les pages d'un carnet à spirale. Le vétérinaire a guéri l'œil du croco et le dentiste lui a gratté sa carie. Ça faisait un drôle d'effet de le voir tripatouiller à l'intérieur de la grande gueule ouverte, pleine de dents sales. Lui avait-il mis un plombage ? J'ai oublié de lui demander.

Je suis allée fouiner du côté des singes. Pour eux, interdiction de sortir. Et double ration alimentaire. Leur seul moyen de lutter contre le froid. Une grosse maman orang-outang me regardait en se balançant sur son pneu, entourée de peaux de banane. Un vrai festin.

J'ai commencé à rédiger le début de mon article sur place, debout devant elle. Ses gros yeux suivaient le mouvement de mon stylo. Est-ce qu'elle avait envie de jouer avec ? Elle s'est mise à applaudir de ses grandes mains velues.

Ça m'encourageait.

L'après-midi, au journal, les papiers ont été écrits. Chaque journaliste était à son poste de travail, devant son ordinateur. Dans la salle, on n'entendait que des crépitements feutrés.

Le rédac chef m'a octroyé une place. J'ai mis du temps à taper. Avec les deux index. Pauline était près de moi. Elle était revenue du zoo de Vincennes. Nous mettions en commun nos informations. Je sentais qu'elle observait attentivement ce que j'écrivais.

Dans mon article, pour faire plus vrai, je décrivais le vétérinaire du Jardin des Plantes.

– Si tu veux, a-t-elle commenté, mais ne te perds pas trop en descriptions inutiles.

Règle numéro trois. Je savais pourtant où je voulais aller. J'ai menti. J'ai rendu le vétérinaire plus élégant qu'il n'était en réalité. Je lui ai rajouté une « cravatte ».

– Hé !…

D'autorité, Pauline a pressé la touche de mon clavier pour faire disparaître cet indésirable « t ».

C'était une tentative bien naïve. Mais il fallait que j'essaie. Tout comme je devais essayer d'en savoir plus sur… Alors j'ai dit :

– C'est pratique, cette laverie automatique à côté. On apporte son linge en venant au boulot et on le récupère en partant.

La correctrice m'a dévisagée sans dire un mot.

– Vous ne le faites pas ? j'ai insisté.

Elle ne m'a pas répondu. Mais j'ai vu passer dans ses yeux l'ombre d'une inquiétude.

Berth avait faxé ses dessins dans le milieu de l'après-midi. Marc, l'iconographe, les a scannés pour les rentrer dans son logiciel de traitement d'images et les colorier.

Les dessins arrivaient chaque jour en noir et blanc.

– Comme des petits pingouins sur la banquise… a-t-il fait dans un clin d'œil.

Autour de nous, les autres ont relevé la tête de leur écran. Ils avaient tous lu ma nouvelle sur le pingouin chercheur de couleurs. Je les voyais sourire. Ça m'a fait plaisir.

Je n'ai pas remarqué tout de suite l'attitude étrange de Marc. Le jour basculait. Quelqu'un mettait la radio en sourdine. On sentait s'évanouir le poids d'une longue journée de travail.

Pourtant je les avais bien observés. Les journalistes, le rédac chef adjoint, le webmaster, l'iconographe, le secrétaire de rédaction, la documentaliste, Pauline la correctrice, la secrétaire comptable. Tous. Les uns après les autres.

Ce n'est qu'un peu plus tard que m'est revenue en mémoire l'attitude de Marc... qui avait quitté précipitamment son logiciel au moment où je m'approchais de lui, et qui, d'un geste fébrile, avait claqué le capot de son scanner. J'aurais dû, aussi, avoir la présence d'esprit de regarder le contenu de son sac.

Le responsable des pages culturelles a mis son manteau. Il allait voir une pièce de théâtre. Pauline m'a entraînée vers le distributeur de boissons pour m'offrir un potage à la tomate.

Il régnait une atmosphère molle dans la grande salle où les ordinateurs étaient en veille.

Il faisait nuit noire sur Paris et le journal était bouclé.

J'ai relu une dernière fois les textes par-dessus l'épaule de Pauline. Elle n'avait laissé aucune faute. Du moins je crois. En tout cas pas de « cravatte ».

Le rédacteur en chef a fait la même chose. Il a tout relu d'un œil sévère. Et puis il a posé l'index sur une touche de son clavier. Le dernier geste de la journée : l'envoi, par internet, du journal à l'imprimerie.

Chapitre 4
Alex est dans le coup

Le Chat est venu se frotter aux jambes d'Alex dès qu'il est entré dans ma chambre, enroulant son point d'interrogation rogné autour de ses mollets.

On n'a jamais pu lui choisir un nom. C'est la raison pour laquelle on l'appelle Le Chat. Tout simplement, mais avec des majuscules.

Papa l'a trouvé une nuit au fond de l'imprimerie, caché derrière les bobines de papier. Il n'était qu'un chaton de quelques semaines. Il s'était réfugié là, terrorisé, miaulant de peur et de douleur. Quand papa l'avait pris dans ses bras, un filet de sang lui avait coulé sur les mains.

Le Chat s'était coincé la queue dans un couteau rotatif. Tranchée net. Des ouvriers avaient retrouvé, beaucoup plus tard, dans l'aspireuse à « rognes », le bout de queue sectionné.

Voilà pourquoi, depuis, Le Chat n'enroule autour de nos jambes qu'un point d'interrogation pas terminé.

Alex lui caressait le dos en buvant un café viennois. Je suis la reine du café viennois. J'ajoute une couche de chocolat chaud et une énorme épaisseur de crème Chantilly au sommet, dans laquelle je sème des morceaux de vanille.

Mais j'avais une autre surprise pour Alex.

Lui aussi en avait une pour moi.

J'ai commencé. Pendant que de l'autre côté du mur on entendait ronronner les rotatives.

J'ai rapidement passé sur mon début d'enquête auprès des animaux du Jardin des Plantes. Je préférais qu'il découvre mon article dans les pages du journal. J'ai décrit l'ambiance de la rue du Petit-Musc, les cliquetis des claviers, la conférence de rédaction.

— Conférence à laquelle, le mercredi, le dimanche et pendant les vacances, des enfants sont invités à participer. Et même conviés à tester de nouveaux jeux…

Alex n'a pas percuté. J'ai dû préciser :

— La dernière GameStrak…

Bien sûr il connaissait. Par la pub à la télé. Mais il ne l'avait pas tenue en mains. C'était ma surprise.

– Non ?!

Même Le Chat n'en revenait pas. Le point d'interrogation de sa queue s'est transformé en point d'exclamation.

– Ils cherchent un ado pour la tester, j'ai dit.

Les yeux verts pétillaient.

– Et t'as pensé à moi ?

« Je pense toujours à toi », ai-je failli lui répondre. J'ai seulement dit :

– Demain. Le jeu est au journal. Il t'attend.

Il a fini d'un coup le reste de son café viennois. Sans en laisser un fond au Chat. Et il m'a prise dans ses bras pour m'embrasser sur les joues.

J'ai essayé d'y rester le plus longtemps possible.

Mon père a frappé à la porte.

– Je file à l'imprimerie faire ma ronde !

– Oui papa !

– Ne retiens pas Alex trop tard !

C'étaient les vacances et il n'habite qu'à huit cents mètres de chez nous.

On s'est regardés en silence. Je ne savais plus quoi faire, ni quoi dire. Alex a ouvert son sac à dos.

– Pour cette histoire de fautes d'orthographe…

Il extirpait les deux derniers numéros de *Mon Quotidien.*

— Je les ai relus.

— Alors tu as vu ?

— Ouais. Même si « cravatte », ça ne m'avait pas marqué la première fois. Je l'ai toujours écrit comme ça.

— Avec deux « t » ?

— Toujours.

Bon, ben il aurait au moins appris quelque chose, lui !

Il avait fait mieux.

— J'ai scanné les deux journaux. Et puis j'ai passé les textes au peigne fin…

C'est-à-dire qu'il les avait traités sous son logiciel de « reconnaissance d'occurrences ». Un truc fou qu'il a mis au point lui-même et qui ne sert à rien.

C'est en tout cas ce que je croyais jusqu'à ce soir-là.

Le logiciel repérait les mots et les tournures de phrase qui reviennent régulièrement dans un texte. Et aussi la rythmique. Parce que chaque écrivain possède ses habitudes et ses tics de langage.

— C'est un outil très efficace, Léa.

Je ne savais pas encore que l'invention d'Alex allait

31

avoir des retentissements mondiaux. Peu de temps après, des universitaires étudieraient les pièces de théâtre classiques et, grâce au logiciel, identifieraient des formes de phrase… pour aboutir à la théorie que c'était Corneille qui avait écrit certains chefs-d'œuvre attribués à Molière.

Mais ce n'était ni Corneille ni Molière qui avait écrit dans *Mon Quotidien* en laissant des fautes de français.

– Des fautes toujours identiques, a précisé Alex.

– Comment ça ?

– Quasi mécaniques. Regarde.

Il me montrait les textes où son logiciel avait encadré les fautes. En effet, c'étaient toujours les mêmes.

– Elles répondent à une structure bien définie. Tu vois ? À chaque fois qu'un « a » est suivi d'un « t », le « t » est doublé.

D'où la « cravatte ».

– Invariablement ! s'enflammait Alex. Le « ill » devient « oll ». Le « op » devient « ap ». Les « h », eux, disparaissent seulement après un « c » ou devant un « i ». Pas ailleurs. Tout comme le « r » qui ne tombe que devant un « c » ou quand il est double entre deux « a ».

– Comme dans « Aranger »... ai-je fait.

– Voilà !

– Et tu en conclus ?

– Logique : que ces fautes *mécaniques* répondent à une volonté *mécanique*.

– Mais encore ?

– Je pense que ce n'est pas une main qui les provoque. Je veux dire que ce ne sont pas des fautes commises manuellement par un individu... mais qu'elles sont faites par une machine.

– Une machine ?

– Léa ! Un logiciel.

La conclusion d'Alex était que le fautif utilisait un programme informatique qui repérait toujours les mêmes segments de lettres pour leur en substituer d'autres.

Mais à quel moment s'opérait cette manipulation ?
— Deux possibilités : à la sortie du texte de la rédaction, ou à son arrivée à l'imprimerie.

Le départ du texte, j'y avais assisté. Aucune faute n'y figurait quand le rédac chef avait transféré le fichier numérique.
— Reste l'imprimerie !

On s'est levés d'un bloc. Le Chat a atterri sur ses pattes, un peu surpris.

On n'avait que la cour à traverser.

Chapitre 5
Dans le bruit des rotatives

— Et pour le papier ?
— Il faudrait un « sans bois » Royal Roto.
— Quel grammage ?
— 150.

Au premier étage, les bureaux de la fabrication étaient occupés par six employés.

Le chef de fabrication choisissait la cinquième couleur pour un dépliant publicitaire.

Dans l'imprimerie, on utilise quatre couleurs de base : le noir, le bleu, le rouge et le jaune. Le bleu s'appelle cyan et le rouge magenta. Je sais ça par cœur. À ces quatre couleurs pures, on peut ajouter une cinquième teinte originale que l'on crée en faisant des mélanges.

J'ai montré à Alex un nuancier posé sur le bureau.

On est passés d'un écran d'ordinateur à un autre. Sans pouvoir rien vérifier. La fabrication de *Mon Quotidien* était déjà lancée.

J'ai demandé s'ils n'avaient pas eu de problème à la réception du fichier numérique. Aucun. Le texte était arrivé à l'heure.

— Son montage doit être terminé, a fait le chef de fabrication.

Il a regardé sa montre pour confirmation.

J'ai aussitôt entraîné Alex un étage plus haut où les copistes et les monteurs étaient en train de travailler sur les plaques photosensibles.

À chaque plaque correspondrait une couleur au moment de l'encrage. Les photograveurs les faisaient passer sous ultraviolets, puis les plongeaient dans un bain révélateur et un bain de lavage avant cuisson.

Ça sentait la gomme arabique.

Accoudé sur une grande table lumineuse, le chef d'atelier vérifiait un ozalid, l'épreuve positive d'un imprimé qui permet de vérifier qu'aucune erreur n'a été commise avant de donner le bon à tirer.

J'ai jeté un œil dessus.

Ce n'était pas l'ozalid de *Mon Quotidien*.

– Déjà parti en production ! nous a-t-il dit.

J'ai fait demi-tour. On a longé un couloir et on a pris un autre escalier pour redescendre. Alex ne me quittait pas d'une semelle.

On pensait à la même chose. Le chef de fabrication avait parlé du PDF. Le « Portable Document Format ». Une sécurisation de fichiers. Grâce à ce système de protection, l'imprimeur ne pouvait plus toucher au texte quand celui-ci arrivait par internet.

Quelqu'un avait-il pu déjouer ce système ? Comment ?

Le ronronnement que j'aime tant a commencé à se faire entendre. À mesure qu'on descendait. De plus en plus fort.

On a dévalé encore un étage,

La vérification de l'ozalid est une étape très importante avant l'impression définitive.

j'ai poussé une porte et on s'est retrouvés au cœur de l'imprimerie : face aux énormes rotatives qui bourdonnaient.

Ici, dès la première seconde, l'odeur d'encre vous soûlait.

Et le bruit !

Les rotativistes s'étaient écrasé des petits bouchons de cire dans les oreilles, retenus par une ficelle autour de leur cou.

– Qu'est-ce que tu dis ?

Il fallait hurler pour s'entendre. On parlait par gestes.

Les rotatives étaient des modèles de « coupe 45 » et de « coupe 63 ». Capables de débiter du « 16 pages » et du « 32 pages ». Je les connaissais comme ma poche. À la tête de chacune, une grosse bobine se déroulait. On voyait sortir la langue de papier blanc qui était avalée à toute vitesse entre les rouleaux.

— Il passe dans le dévideur à une allure de sept mètres à la seconde ! j'ai crié à Alex.

Le papier franchissait alors successivement les cinq « groupes » où il se couvrait à chaque fois d'une couleur : d'abord le noir, puis le cyan, le magenta, le jaune et enfin la cinquième.

Ensuite le papier passait dans le « groupe d'induction » où lui était projeté du vernis, avant de traverser le four.

Le four est la partie la plus importante d'une rotative. Sur le modèle Heidelberg qu'on avait devant les yeux, il ressemblait à un engin de guerre au carénage d'acier blindé.

Les rotatives mesuraient plus de vingt mètres de long. Quatre hommes s'occupaient de chacune d'entre elles : le conducteur, le second conducteur, le bobinier et le receveur.

Le conducteur surveillait l'opération au pupitre de commande.

— Vous voulez un casque ? nous a-t-il crié.

Alex se penchait sur une refroidisseuse. Et je me suis retournée. Une silhouette venait de se déplacer dans mon dos.

Elle avait disparu vers la grosse Octoman 32.

J'ai regardé Alex, puis le conducteur derrière son pupitre.

Il se passait quelque chose de pas normal. Le rotativiste s'est contenté de soulever les épaules en réponse à ma question muette.

J'ai couru vers l'Octoman.

La silhouette s'était dissimulée de l'autre côté de la plieuse. J'ai crié quelque chose à Alex. Je ne sais pas s'il a entendu. J'enjambais le tapis roulant où défilaient des petits prospectus à la queue leu leu jusqu'au couteau rotatif.

À peine le temps d'une pensée pour la queue du Chat…

La silhouette ne portait pas de casque antibruit.

40

Il me semblait l'avoir aperçue dans l'escalier de montage.

Elle disparaissait maintenant derrière les fûts d'encre.

Alex me rejoignait. Je lui ai montré la réserve à papier :

– Là-bas !…

Il s'est précipité. Je l'ai suivi.

On a contourné les énormes fûts d'une tonne.

La silhouette venait de se faufiler derrière une rampe d'alimentation multicolore, avec ses tuyaux noir, bleu, rouge et jaune qui acheminaient l'encre dans les rotatives.

Alex courait à côté de moi.

On débouchait dans le stock de papier.

Ici le bruit des rotatives était étouffé. On n'entendait que le va-et-vient des chariots élévateurs qui transportaient les bobines.

Ça sentait bon. La bonne odeur de mille cinq cents tonnes de papier neuf.

– T'as vu où il allait ?

On était au milieu d'une forêt aux troncs gigantesques. Les bobines s'empilaient jusqu'au toit de tôle, à plus de douze mètres de haut. C'était plus que des troncs : on se serait cru dans un temple grec aux colonnades de papier.

Une colonne a bougé. J'ai retenu Alex en levant les yeux. Là-haut, tout au sommet de la pile, une bobine était en équilibre. Si elle tombait, c'était cinq cents kilos de papier qu'on recevait sur la tête.

Par gestes, on a décidé de se séparer.

Je m'approchais de la soufflerie chargée de réchauffer l'endroit pour y maintenir un degré d'hygrométrie faible. C'est cette soufflerie que papa n'arrête pas de surveiller. Il a toujours peur que le papier souffre de l'humidité.

Alex avait disparu derrière un stock de papier « avec bois » Samarkand.

Quelque chose à frémi.

Là, près des bobines de Népal.

Je me suis approchée d'une pile…

Au moment où un Fenwick surgissait.

L'engin roulait droit dans ma direction, les incisives d'acier de ses deux lames menaçantes pointées en avant.

Je n'ai pas eu le temps de regarder la silhouette qui conduisait. J'ai aperçu Alex, plus loin, et le monstre a brusquement changé de direction. Ses pneus noirs ont renversé trois bobines et il s'est dirigé vers la sortie.

– Alex !

Les bobines ont roulé jusqu'à Alex qui les a évitées en se jetant sur le côté.

Là-bas, dehors, le chariot élévateur disparaissait dans la nuit.

J'ai sauté à bord d'un Fenwick libre.

Je sais comment ça se conduit, les caristes parfois

me permettent de faire un tour. J'ai démarré et Alex a juste eu le temps de s'agripper à la colonne de levage.

On a roulé à la poursuite de l'autre engin. Alex était debout sur les dents. Son regard fouillait l'obscurité. On avait quitté l'enceinte de l'imprimerie.

On a traversé plusieurs rues, mais la silhouette avait pris trop d'avance. J'avais cru la voir filer en plein champ.

– À droite !

En abordant le talus, nos pneus se sont embourbés

dans une ornière. On a patiné longtemps avant de se dégager.

– Plus la peine, a fait Alex.

Bredouilles, un peu piteux, on est rentrés.

Drôle d'équipage : moi échevelée au volant d'un Fenwick jaune maculé de boue, cahotant, crachotant, et lui en équilibre sur les dents d'acier, dans le froid et le vent.

C'est à bord de ce « carrosse » que je l'ai déposé devant chez lui. Il était minuit.

Chapitre 6
Article piège

La première chose que j'ai faite le lendemain matin, c'est de descendre dans la cour, foncer jusqu'au quai de chargement et piocher un exemplaire du journal. Avant même de faire chauffer le café viennois de papa. Le Chat n'en revenait pas.

Je ne m'étais même pas encore habillée. J'avais juste passé ma robe de chambre en pilou.

Les livreurs portaient les piles de journaux ficelés sur leur épaule pour les charger dans les camions. Ils m'ont regardée d'un air amusé. Ils me connaissent, depuis le temps. En voyant mon impatience, ils devaient croire que j'avais hâte de « me » lire.

Ils avaient compris que je venais de signer mon premier article dans *Mon Quotidien*. Leur moue indulgente, leurs regards bienveillants le prouvaient. Selon eux, avec la fébrilité puérile d'une journaliste en herbe, je voulais vite vite lire mon œuvre…

Bon. Je ne vais pas mentir. Je l'ai lue.

C'est vrai. J'avoue. Mes yeux se sont posés *instinctivement* sur « mon » article.

J'avais attrapé le premier exemplaire d'un tas. Il sentait l'encre fraîche et le papier neuf. Mais à part toutes ces qualités et celles de mon article, il avait le grave défaut d'être entaché d'horribles fautes d'orthographe…

Pauline n'a pas subi la colère du rédacteur en chef. Il avait compris que l'affaire était plus compliquée.

On s'était donné rendez-vous au *Temps des Cerises*, le petit bistrot qui faisait face à la rédaction. Je préférais qu'il m'écoute loin des oreilles des autres journalistes. Je lui ai fait part de nos conclusions :

– Quelqu'un introduit les fautes à l'intérieur du journal en passant par l'informatique.

Ce qui n'excluait pas que la correctrice soit dans le coup.

N'avait-elle pas fait demi-tour, la veille en me quittant, pour revenir s'engouffrer dans la laverie automatique ? Y récupérer quelque chose ? S'y cacher ?

Je n'en ai pas parlé. J'avais commis l'erreur de ne pas redescendre la rue pour comprendre ce que Pauline faisait dans cette laverie. Je craignais surtout de me faire du cinéma. Peut-être était-elle allée tout simplement récupérer ses vêtements propres ? Oui mais alors pourquoi ne me l'avait-elle pas dit quand j'avais soulevé cette hypothèse ? Et pourquoi, au contraire, avait-elle semblé angoissée ?

Le rédac chef a commandé un café. Moi, un chocolat chaud. Je n'ai pas voulu non plus évoquer le mouvement furtif de Marc m'empêchant de voir sur quoi il travaillait.

J'ai seulement balancé la découverte d'Alex : les textes étaient la cible d'un « programme de déstructuration » de mots.

— Qui pourrait bien faire ça au sein de la rédaction ? Bousiller l'image du journal ! Quel intérêt ?

— Un journal concurrent qui s'apprêterait à embaucher un de vos collaborateurs ?

Le rédacteur en chef réfléchissait. Personne, dans l'équipe, n'avait manifesté le désir de quitter le journal.

— Mais tu as raison. C'est possible. Je vais faire mon enquête !

Je lui ai demandé :

— Vous n'avez viré personne ces derniers temps ?

Un collaborateur renvoyé, qui aurait laissé le programme pirate dans l'informatique de *Mon Quotidien* comme cadeau de rupture ?

Il fixait le café noir dans sa tasse.

— Non. Aucun mouvement de personnel. Nous n'avons accueilli qu'un stagiaire, il y a quelques mois. Il est resté huit semaines avant de reprendre sa formation dans son école de journalisme, l'IPJ. Il n'était pas question d'embauche. Il n'avait aucune raison de nous en vouloir de ne pas l'avoir gardé. Quant aux licenciements… le dernier date de plus d'un an.

Je me posais une question. Que je poserais surtout à Alex dès qu'il arriverait. Est-ce qu'un programme de piratage pouvait être déposé dans un disque dur pour agir à retardement ? « Dormir » pendant un an, par exemple, avant de se réveiller pour commencer le jeu de massacre ?

Je suis passée au chapitre ombre-fuyant-dans-la-nuit. J'ai raconté notre expédition nocturne à l'imprimerie et notre poursuite en Fenwick.

– Tu n'as pas pu l'identifier ? Même en silhouette ?

– Impossible. Ça avait l'air d'être un homme. Mais je ne peux pas être affirmative. En tout cas quelqu'un qui connaît l'art de la fuite.

Le rédac chef était songeur.

La porte du bistrot s'est ouverte sur Alex.

– Votre testeur de GameStrak ! ai-je dit en guise de présentations. Et accessoirement notre spécialiste en informatique.

Le Temps des Cerises était l'annexe de la rédaction. Les journalistes avaient l'habitude d'y venir boire un verre. Tout au long de la journée, entre deux articles, à bout de mots, ils traversaient la rue du Petit-Musc pour trouver là le réconfort d'une plaisanterie du patron ponctuée d'une grande claque dans le dos.

Ce n'était pas une très bonne idée de se voir ici. Ils arrivaient par intermittence, seuls ou par petits groupes. On a dû attendre longtemps que la dernière fournée reparte et nous laisse tranquilles.

Alex et moi avions des confidences à lâcher.

– Puisqu'un virus ça ne réfléchit pas… puisque ça agit de façon mécanique…

Le rédac chef ne voyait pas où l'on voulait en venir. Il considérait le fond de sa tasse, égarant sa perplexité dans le marc de café qui ne lui prédisait aucun avenir.

– C'est pourtant simple : on va écrire un faux article…
– … ?
– Un article piège.

Chapitre 7
Neige sur Paris

Le Temps des Cerises était bien un endroit trop fréquenté par les journalistes pour y organiser des rencontres discrètes.

J'allais le constater le soir même.

Alex s'était éclaté tout l'après-midi sur la nouvelle GameStrak. On l'avait placé au fond de la salle de rédaction et tout le monde avait pu suivre le déroulement du jeu au son de ses exclamations.

J'avais mis en forme des notes griffonnées dans mon carnet, tout en surveillant les autres journalistes. Pauline écrivait le deuxième volet de notre enquête sur les animaux de zoo. Je me contentais de lui fournir les indications glanées au Jardin des Plantes. Elle portait une jupe très sexy, un peu courte pour la saison, au-dessus d'une paire de cuissardes en daim noires. Géant !

54

– Elles te plaisent ?

– Jamais mon père me laisserait sortir dans la rue avec ça.

Quelques journalistes avaient gloussé. Les jambes de Pauline attiraient les regards et ce genre de manifestations. Difficile, c'est vrai, d'y rester indifférent.

– C'est quoi, l'ours ?

Un mot que j'entendais régulièrement dans leur bouche.

– C'est l'emplacement du journal où sont inscrits les noms des membres de l'équipe.

Entre mes pingouins, mon chat et les animaux du Jardin des Plantes, je nageais en pleine animalité, moi !

On avait longuement discuté de l'accroche de Une et de certains encadrés. Quelqu'un avait hésité sur le texte de son « chapeau », et le spécialiste politique avait ressorti un « frigo ».

J'apprenais les termes du métier.

À un moment donné, Pauline avait reçu un coup de fil. Elle n'avait pas parlé et avait raccroché aussi sec.

– Une erreur.

Marc avait reçu les dessins de Berth et les avait coloriés à l'aide de la palette graphique sans que je repère quoi que ce soit.

Les mots de la presse

UNE DOUBLE PAGE

Titre d'article

Rubrique

On compren mieux ce q Gaulois éc

Des pigeons dans l'armée américaine

MONDE

7 000

Un robot pour garder la maison

Chapeau (ou chapô)

Brève

Intertitre

Encadré

Légende

Folio (pagination)

Début d'un article avec accroche pour « accrocher » l'attention

Se méfiait-il de moi désormais ?

Le travail quotidien ronronnait dans la salle de rédaction. Personne ne faisait attention à nous. Pourtant, Alex ne faisait pas que jouer : entre deux parties de GameStrak, il tentait de pénétrer le cerveau du réseau informatique et de s'infiltrer dans ses ramifications numériques.

Sa dernière hypothèse était que le pirate agissait de loin. Avec la complicité d'un membre du journal ? Peut-être. En tout cas un hacker qui avait réussi à violer le système pour y déposer un virus.

Et ce virus, le pirate l'activait à un moment précis :

entre la sortie du texte de la rédaction et son arrivée à l'imprimerie. C'était imparable.

Alex s'était mis en tête de détecter le virus pour remonter sa trace jusqu'à l'ordinateur du hacker. Le rédacteur en chef n'avait pas voulu mettre ses collaborateurs au courant. Alex travaillait en cachette.

Et moi aussi.

Parce que la chose à faire désormais était de tendre un piège au pirate. Pour cela, je remettais en forme les textes afin d'éviter qu'ils soient la cible du virus. J'enlevais les mots en « at », en « ar », les « h » derrière un « c » et devant un « i », les « ara », les « ill », les « ir » et autres subtilités…

Et en plus, j'écrivais une fausse brève que nous avions conclu de placer dans le journal.

Pour le narguer.

L'idée, c'était de composer un texte que le virus allait endommager, mais pas comme le hacker le prévoyait. Nous allions retourner la situation à notre avantage.

La feinte donnait ceci :

Papy, le grand-père irlandais de tante Émilie, mâche si salement qu'il laisse des traces de pâtes

fraîches par terre. Sa petite-fille cire après lui. Ça frotte ! Ça frotte !

Ce soir-là, Marc, l'iconographe, est parti avant le bouclage. Je l'ai suivi.

Il a pris à droite en direction de la Seine. Il marchait vite, le col de son manteau relevé sur ses oreilles. Il n'était pas passé devant la laverie automatique au *Raton Laveur*.

J'avais pourtant espéré.

Une fois en bas de la rue, il s'est mis à neiger. De gros flocons qui apportaient une luminosité laiteuse dans le crépuscule de Paris. J'en recevais dans la bouche, dans les yeux. Ce qui ne m'a pas empêchée de reconnaître, cinquante mètres devant, une silhouette… Celle de cette nuit à l'imprimerie !

La même façon de se déplacer, d'avancer comme un tigre. C'était un homme. J'en étais sûre cette fois.

Et il suivait Marc.

Il ne m'a pas repérée. Nous restions à distance les uns des autres. Tous les trois à travers les flocons. Marc en tête, l'inconnu, et moi en queue. Les jeux du square Henri-Galli se couvraient de blanc.

Marc s'est engagé sur le pont Sully. L'inconnu s'est alors rapproché de lui jusqu'à venir à sa hauteur. Et là, au milieu du pont, il a posé sa main sur son épaule.

L'iconographe a eu un mouvement de recul. Ils s'étaient arrêtés. L'inconnu lui a dit quelque chose et ils se sont remis en marche. Ils ont passé le pont. La main n'avait pas quitté l'épaule et elle semblait moins accompagner Marc que le forcer à avancer.

Je me suis élancée à mon tour sur le pont.

Le fleuve avalait les flocons avec une gloutonnerie méthodique et grave.

De l'autre côté, sur l'île Saint-Louis, ils sont entrés dans un café. Je ne savais pas quoi faire. Je suis restée dehors, à les épier à travers la vitre. Ils s'étaient installés à une table isolée. L'inconnu parlait. Marc se taisait. La buée me gênait.

La neige tombait plus drue. Elle semblait vouloir engorger la Seine.

Que faire ? Prévenir Alex sur son portable ? Appeler le rédacteur en chef ? Pas la peine. Il venait justement vers moi, les mains dans les poches de son manteau.

– Qu'est-ce que tu fais là ?

J'ai tendu le bras :

– Là-bas, assis à la table avec Marc… c'est l'homme de cette nuit !

Le rédac chef a hoché lourdement la tête, puis il m'a pris le bras pour m'entraîner à l'intérieur.

– Je vais t'expliquer.

Marc était penaud, tassé sur sa chaise. Le rédacteur en chef me présentait l'inconnu :

— Le détective privé que j'ai engagé.

J'ai serré les poings.

— Vous aviez mis un détective sur le coup ? Et vous ne me l'avez pas dit !

— Je préférais que ça reste… confidentiel.

Ben tiens ! Comme ça nous étions deux à chercher.

Le détective et moi. Le rédac chef doublait ses chances d'aboutir.

— Je travaille dans l'ombre, a lâché le détective.

Dans l'ombre d'une imprimerie, la nuit, par exemple.

On s'était fait berner, Alex et moi. J'étais folle de rage.

Le détective avait donné rendez-vous au rédac chef dans ce café de l'île Saint-Louis pour lui faire son rapport. Mais il n'avait rien trouvé, lui non plus, concernant l'affaire des fautes d'orthographe. Tout professionnel qu'il était.

– En revanche…

Il fixait Marc dans les yeux.

– J'ai découvert que votre iconographe…

Marc s'est écrasé encore un peu plus sur sa chaise. Le détective sortait un CD de sa poche.

– … vole des dessins.

Chaque jour, tous les dessins de Berth refusés. Marc les stockait dans son ordinateur. Pour ensuite les exploiter. Dans le but d'en faire une BD.

– Pour son propre compte ! a conclu le détective. Rien d'autre que du plagiat. Du piratage artistique.

Je les dévisageais tous les trois. Voilà qui éclaircissait deux mystères. Mais l'énigme du semeur de fautes d'orthographe restait entière.

Chapitre 8
Appâter le hacker

Le numéro de *Mon Quotidien* du lendemain renfermait une drôle de brève qui a dû rendre plus d'un lecteur perplexe.

> Popy, le setter irlandais de tante Émilie, marche si salement qu'il laisse des traces de pattes fraîches par terre. Sa petite folle crie après lui. Ça frite ! Ça frite !

Mon père, en buvant son café viennois, a relevé les sourcils.

– C'est toi qui as pondu ça ?

L'avenir de sa fille dans le journalisme, il le voyait plus glorieux. Je secouais le journal sous son nez.

– Ça a marché, papa !

Mon portable a sonné. Alex lui aussi venait de lire.

– Opération réussie, ma vieille ! Aucune faute d'orthographe dans ce numéro !

Quand notre hacker va lire ça, il va s'en bouffer les dents !

Il ne neigeait plus, mais la couche de la nuit était restée. Le marronnier, dans la cour de l'imprimerie, montrait des bras blancs de squelette.

Pendant qu'il buvait son café debout devant la fenêtre, j'ai tout expliqué à mon père. Désormais, on savait comment rendre le piratage inopérant.

Il a quand même mesuré l'étendue de mon talent. Je remontais dans son estime. Même Le Chat semblait fier de moi. Je l'ai caressé entre les oreilles en rigolant.

Je venais de me rendre compte : selon la tactique du virus, « Le Chat » devenait « Le Cat ».

Là encore, le pirate était impuissant.

L'affaire n'était pas pour autant résolue. On ne savait toujours pas qui agissait. Alex n'était pas parvenu à isoler le virus.

Le rédac chef, rue du Petit-Musc, le déplorait :

– Ça a marché cette fois… mais dans l'avenir, on ne pourra pas bidouiller chaque mot que l'on écrira !

Il avait raison. Les articles ne pourraient pas continuer longtemps à déjouer les mots tordus. La lisibilité de *Mon Quotidien* en prendrait un coup. Hyperdéroutés, les lecteurs !

Nous étions les seuls dans les locaux du journal. Lui, Alex et moi. Les autres n'étaient pas encore arrivés.

– Et puis aussi…

Alex avait compris. En découvrant notre parade, le hacker allait sans doute modifier son code. Dans les numéros suivants, notre stratagème ne fonctionnerait plus.

– C'est d'autres lettres qui changeront.

Plus de « setter » ou de « grand-père » irlandais, plus de « pattes » ou de « pâtes », ni de « fille » et de « folle ».

– Récapitulons…

Le rédacteur en chef a posé ses pieds sur la table.

– On ne sait toujours pas *qui*. Et on ne sait pas non

plus *pourquoi*. Tout ce qu'on sait, c'est que le piratage s'opère par un virus qui agit pendant le transfert du fichier numérique. Donc par internet…

Il fallait qu'une idée jaillisse.

– Si on arrivait à tenir notre système plusieurs jours sans que le hacker change son code… le style des articles en souffrirait un peu, bien sûr, mais il n'y aurait plus de fautes d'orthographe… ça finirait par l'énerver… et il pourrait commettre une erreur…

– Laquelle ?

– Je ne sais pas. Venir ici en douce pour trafiquer directement les textes, ou à l'imprimerie. Il suffirait de lui tendre une souricière…

Mon idée n'a pas eu l'air de les convaincre.

– Ou alors… mieux ! Puisqu'il agit pendant le transfert du fichier : il n'y a qu'à le supprimer !

– Supprimer qui ? Supprimer quoi ?

– Le transfert numérique !

C'était ça, l'idée. Et elle venait de sortir de ma petite tête.

– Chaque soir, désormais, le texte du journal sera livré à l'imprimerie sur disquette. Et non plus transmis par internet ! Le hacker n'aura plus de cible.

– Et il réagira…

– Ben tiens ! Il va être obligé de se dévoiler. Il sortira de son trou. Quand il aura compris que les textes sont convoyés sur simple disquette, il va essayer de les intercepter.

– C'est quand même risqué, a lâché le rédac chef en se frottant le menton.

Risqué, oui. Pour celui qui serait chargé du transport. Celui ou *celle*…

J'ai toussé.

– Moi !

J'habite dans les bâtiments de l'imprimerie. Chaque soir je rentrerais tout simplement à la maison… avec dans la poche une précieuse petite disquette.

Chapitre 9
Sous l'œil du génie

Notre plan a fonctionné pendant plusieurs jours sans que le hacker se dévoile.

Je quittais la rédaction chaque soir avec la disquette, pour rentrer par le métro. Je le prenais à Bastille. J'avais un changement à Gare de Lyon où j'attrapais le RER jusqu'à la maison, dans ma banlieue est. Là je remettais la disquette au chef de fabrication de l'imprimerie. En mains propres.

L'impression du journal débutait aussitôt.

Quelqu'un me couvrait pendant le trajet. Soit le rédacteur en chef, soit le détective privé qui, pour l'occasion, se transformait en garde du corps.

Mais le plus souvent c'était Alex. Il habitait près de chez moi. Et j'avais confiance en lui.

On a même eu l'idée, tous les deux, d'intervertir les rôles. Un soir sur deux c'était lui qui transportait la disquette et moi qui restais derrière, à surveiller.

Aucun personnage suspect ne nous a pistés.

Pendant cinq jours.

Au journal, je continuais de travailler en épiant les membres de la rédaction. Alex avait été « embauché » pour lire et trier les mails des lecteurs. C'était une astuce du rédac chef pour qu'Alex puisse rester dans les lieux sans éveiller de soupçons. Ça lui permettait en outre de s'intéresser de plus près au webmaster.

Le webmaster s'appelait Simon. Sa fonction consistait à mettre à jour le site du journal. Il passait son temps à naviguer sur le

web. S'il y avait un surfeur professionnel ici, c'était lui. Pas un navigateur d'océan Atlantique ou Pacifique, mais un écumeur des mers numériques.

Simon n'avait pas d'horaire. Il arrivait rue du Petit-Musc à n'importe quelle heure du jour et en repartait à n'importe quelle heure de la nuit parfois.

Plus qu'un écumeur : un skipper solitaire, un corsaire. Un... pirate ?

Au bout de cinq jours d'observation, Alex n'avait rien décelé d'anormal dans l'activité de Simon.

Il a encore neigé sur Paris. On faisait du ski à Montmartre.

Je m'occupais moins des animaux du Jardin des Plantes. Alex a loué deux snowboards, pour lui et pour moi. Il y a eu des gaufres graves sur les pentes montmartroises.

L'opération « disquette » était efficace. Le hacker ne parvenait plus à infecter le journal qui sortait chaque matin sans une seule faute d'orthographe.

On buvait des cafés crème et des chocolats chauds au *Temps des Cerises*.

Et puis un soir...

Le journal était bouclé. Pauline venait de quitter la rédaction. J'ai embarqué la disquette et je suis sortie à mon tour.

Elle prenait aussi son métro à Bastille. Je marchais derrière elle. Elle ne s'est pas arrêtée au *Raton Laveur*. Elle n'y était d'ailleurs jamais retournée depuis la première fois. Elle n'y lavait pas son linge.

Elle s'est engagée dans la rue de la Cerisaie.

Puis à gauche dans la rue Jacques-Cœur.

Je trouvais qu'elle faisait pas mal de zigzags pour gagner la place de la Bastille. Je me demandais si...

Quand une ombre a surgi d'un porche. Pauline a poussé un cri. Je me suis précipitée.

J'avais reconnu l'ombre : Simon, le webmaster.

Je courais. Simon avait attrapé Pauline par le cou.

Elle ne criait plus. Je sentais mon cœur me brûler. Je voyais la correctrice s'accrocher à son agresseur. Elle passait ses bras autour de lui… il la tenait serrée… elle ne pouvait se défaire de cette étreinte… leurs deux corps ne faisaient plus qu'un dans la nuit…

Ils s'embrassaient.

On a bu un verre place de la Bastille. Pauline et Simon se tenaient la main sous la table.

– Personne n'est au courant.

Simon soupirait :

– C'est toujours délicat de mélanger l'amour et le travail. Ça provoque des mesquineries. Souvent des jalousies…

Alors ils avaient préféré ne rien dire et vivre leur histoire en cachette. Depuis trois mois. Ils se retrouvaient à la sortie du journal, un peu plus loin dans la rue Jacques-Cœur.

La rue Jacques-Cœur !

– Loin du regard des autres, a fait Pauline.

Jamais au *Temps des Cerises*. Trop fréquenté par la rédac.

Je venais de comprendre. J'ai dit :

– Et quelquefois au *Raton Laveur*.

Elle a souri. Oui, il leur arrivait de se retrouver à la sauvette au fond de la laverie automatique.

Je les observais par-dessus mon Coca. Pauline avait un pull en cachemire très moulant qui soulignait l'arrondi de ses seins. Elle était vraiment très belle. Elle portait autour du cou un petit hippocampe en argent. J'étais persuadée que Simon le lui avait offert.

J'ai aussi pensé : pas navigateur solitaire du tout.

Et brusquement elle a tendu le bras.

– C'est lui !... Encore !...

Sur le trottoir, de l'autre côté de la vitre. La silhouette qui nous épiait a détourné la tête.

Simon s'était déjà levé et courait vers la porte.

Pauline prenait son manteau.

– Il me harcèle depuis des semaines... d'abord des lettres... et puis des coups de fil... maintenant il me suit !

– Qui ? j'ai demandé.

– Un stagiaire qu'on a eu au journal.

L'étudiant dont m'avait parlé le rédacteur en chef. J'ai regardé du côté de la place. Il se mettait à courir, Simon à ses trousses.

— Pendant le stage, continuait Pauline, il n'a pas arrêté de me draguer. Lourd ! Il devenait très chiant, je l'ai rembarré sec !

Mais il insistait. Oppressant. Obstiné. La correctrice recevait des appels au travail, et chez elle, la nuit.

— Me savoir avec Simon doit le rendre enragé.

On est sorties. Simon revenait vers nous. Il n'avait pas pu le rattraper.

— S'il t'embête encore, je lui fracasse la tête !

La place de la Bastille était verglacée. Les néons des brasseries coloraient les trottoirs.

On a marché tous les trois vers la bouche de métro.

L'énorme masse de l'Opéra ressemblait à un paquebot amarré dans un port du Grand Nord. Et au sommet de sa colonne, le génie paraissait congelé.

Chapitre 10
Froid dans le dos

J'avais laissé Pauline et Simon à la station Gare de Lyon. Ils continuaient sur la ligne n° 1. J'avais sauté dans le RER qui me ramenait jusqu'à Torcy.

Pendant tout le trajet, je n'ai cessé de réfléchir.

Un étudiant en journalisme… un stage à *Mon Quotidien*… une passion folle pour une trop jolie correctrice avec laquelle il prend une veste… il en éprouve d'abord une blessure d'amour… puis une blessure d'orgueil... qui se transforme en colère... puis en haine... il cherche un moyen de se venger...

Quoi de mieux, pour se venger d'une correctrice, que de lui faire porter la responsabilité de fautes d'orthographe ?

Je suis descendue à ma station. Je n'oubliais pas, au fond de ma poche, la disquette. En grimpant les marches, je me suis retournée. Où était Alex ? Il devait me suivre ce soir. C'était son tour. Je ne le voyais pas.

Mais *lui*, il était là. L'étudiant !

Il avait retrouvé ma trace. J'entendais maintenant ses pas sur la neige gelée du trottoir. La maison était encore loin.

Place de la Bastille, devant la brasserie, ce n'était pas Pauline qu'il pistait : c'était *moi* !

Parce que j'étais en possession de la disquette du journal.

Il le savait.

J'essayais d'accélérer. J'avais du mal. Mes foulées glissaient sur la pellicule de neige. Lui aussi accélérait l'allure. J'ai sorti mon portable. Appeler Alex ? Le rédac chef ? Inutile.

Je sentais maintenant son souffle.

Le numéro de la maison. Mon père. J'ai fait un bon en avant. Une poigne crochetait mon bras.

Mon portable est tombé dans la neige.

J'ai lancé un coup de pied au hasard, sans rien atteindre. Un autre, cette fois dans un corps qui se jetait sur moi. Il devait avoir vingt ans.

Sa force ne me laisserait aucune chance.

Je ne voyais rien. Il faisait trop sombre. Je me débattais. Le sol était glacé, la croûte de neige durcie me coupait la peau.

J'entendais seulement le murmure lointain de l'imprimerie. Je n'étais donc pas si loin. Ce ronronnement familier de rotatives qui m'avait si souvent accompagnée dans ma vie.

Les éclats de glace pénétraient dans ma chair.

Ou bien était-ce une lame de couteau ?

Et toujours dans mes oreilles le souffle des machines... si lointain... si proche...

Et puis d'autres sons. D'autres voix.

D'autres corps autour de moi.

Mon père. Et Alex. Ils étaient arrivés à la rescousse.

Ils ceinturaient mon agresseur et lui plaquaient le visage dans l'amas de neige du talus.

Épilogue

À la rédaction, l'ambiance est redevenue sereine. Pauline et moi avons terminé notre série d'articles sur les animaux de zoo en hiver.

Chez l'étudiant, on avait découvert un équipement informatique très sophistiqué. Le rédacteur en chef s'était fait accompagner par Simon pour détruire le système de piratage.

On avait aussi retrouvé de nombreuses photos de Pauline : quand elle quittait son immeuble, quand elle faisait ses courses, chez son coiffeur et quand elle attendait le métro, dans les librairies, les cafés, devant les cinémas, en sortant du journal. L'étudiant l'avait photographiée à chaque fois qu'il la suivait. Les clichés étaient punaisés au-dessus de son lit.

Il avait été décidé de ne pas porter plainte. Le rédac chef s'était contenté de l'intimider.

– Si tu bouges une oreille, avec toutes les preuves qu'on a, ton avenir dans le journalisme est grillé. L'IPJ te virera et aucun journal n'acceptera de t'embaucher.

Pauline et Simon ont avoué leur liaison. Quant à Marc, il a rendu les dessins de Berth qu'il avait détournés. Et comme il avait de bonnes idées, ils ont envisagé d'écrire ensemble une BD. Berth ferait les dessins, Marc écrirait le scénario et les dialogues.

J'ai amené mon père rue du Petit-Musc pour lui montrer la rédaction. Il a été très impressionné par l'atmosphère de travail et par les jambes de Pauline. Il y avait aussi Le Chat, dans mes bras, que j'ai présenté à tout le monde.

Désormais, jusqu'à la fin de mon stage, plus personne ne viendrait boire des cafés au distributeur automatique. Une grande cafetière avait été installée. J'avais acheté de la vanille et de la crème Chantilly. Cafés viennois à volonté !

Ah oui, et puis ils ont offert à Alex la GameStrak. Je suis allée dire au revoir à la maman orang-outang du Jardin des Plantes.

Sans oublier de lui raconter la dernière nouvelle : le rédac chef m'avait proposé d'écrire cette histoire. Elle paraîtrait en feuilleton dans les pages de *Mon Quotidien* pendant l'été.

Dans un grand sourire de singe aux dents jaunes, elle a applaudi.

Table des matières

Chapitre		Page
1	Stage à *Mon Quotidien*	7
2	La faute à qui ?	12
3	Sourire d'orang-outang	20
4	Alex est dans le coup	28
5	Dans le bruit des rotatives	35
6	Article piège	47
7	Neige sur Paris	54
8	Appâter le hacker	66
9	Sous l'œil du génie	72
10	Froid dans le dos	80
	Épilogue	84

Un mot de l'auteur

Pour écrire cette histoire,
je suis allé fouiner à la rédaction de *Mon Quotidien*
pendant que l'équipe travaillait.
J'ai regardé, respiré, écouté, senti, ressenti.
Les lieux, l'atmosphère et les gens.
Et puis je suis allé hanter l'imprimerie
qui fabrique le journal.
J'en ai gardé l'image des grandes rotatives,
leur boucan et l'odeur de l'encre.
J'ai bien sûr cotoyé les personnages de ce livre.
J'ai choisi de ne pas les décrire… mais de les écrire.

Dans la même collection,
Yves Hughes est l'auteur de *Viva el toro*.

Un mot de l'illustrateur

– Allô, Berth, Gallimard Jeunesse va t'appeler pour
illustrer un livre qui se passe chez nous,
à la rédac de *Mon Quotidien*...
Whaou ! Génial, de l'illustration pure, ça va
me reposer de mon travail de dessinateur de presse :
pas besoin de me creuser la tête toute la journée
pour trouver des idées, je n'aurai qu'à dessiner.
De plus, je pourrai prendre mon temps, je ne serai
pas pressé par des impératifs de bouclage
ou d'actualité. Bref, ce coup de fil de mon chef
s'annonçait comme du bonheur à l'état pur.
Seulement voilà, si je mettais de côté les contraintes
du dessin de presse, c'était pour en découvrir
d'autres, et de taille. Certes, je n'avais plus à chercher de gags, ni à me torturer l'esprit pour trouver
la pirouette qui allait faire sourire le lecteur,
mais il fallait à la place que je DESSINE.
Et, là où dans la presse, le dessin n'est qu'un outil
pour faire passer une idée, dans l'illustration,
le dessin est la base même du travail...
Il a fallu que j'arrête de dessiner ce que j'avais dans
la tête pour dessiner ce qu'il y avait autour de moi.
Il a fallu que j'ouvre les yeux, que j'aille voir à quoi

ressemblait vraiment une imprimerie, un ourang-
outang, une machine à café… et que je mette
en scène des personnages bien précis au milieu
de tout ça. J'ai dû faire des croquis, des brouillons,
recommencer, autant de choses auxquelles je n'étais
pas habitué avec le dessin de presse. Moi qui croyais
bien naïvement que ce travail allait être de tout
repos, j'en ai éprouvé toutes les difficultés.

Et pour couronner le tout, j'ai découvert que
les impératifs de temps sont les mêmes dans l'édition
que dans la presse : j'ai troqué mes quelques dessins
de presse à rendre le jour même pour 70 dessins
d'illustration à faire en trois semaines…

– Allô Berth, il faut que tu écrives un petit texte
sur toi pour la fin de l'ouvrage…

– Mais, mais… Je ne sais pas
écrire, c'est un travail que
je ne connais pas, ça va me
prendre un temps fou...

– Tu te débrouilles,
il me faut ça
pour demain
matin !…

Découvre le plaisir d'une histoire et le goût du savoir avec la collection

DRÔLES D'**AVENTURES**

Tu aimes l'histoire, l'antiquité, la préhistoire ;
les arts, la musique, le théâtre, le cinéma,
la télévision. Tu t'intéresses aux sciences,
à la recherche. Tu adores le sport…
Si tu veux découvrir un domaine qui te passionne, la
collection *Drôles d'aventures* te propose de très
nombreux titres, qui traitent des sujets les plus
variés. Mais son originalité est de t'offrir avant tout
une histoire à dévorer, avec une intrigue policière
palpitante, une enquête à suivre, des aventures
passionnantes, des reportages vivants, et aussi de te
donner de nombreuses informations concrètes, des
pistes pour aller plus loin et pour en savoir plus.

Autres titres de la collection

LE TRÉSOR CACHÉ DE THÉOPHILE / 1

LE SORCIER DES CLOCHES / 2

LE VIEUX FOU DE DESSIN / 3

LE PUITS DU TAUREAU / 4

LES MUTINS DE L'ATALANTE / 5

PAUL, LIVIA ET LE STRADIVARIUS / 6

APPRENTIS ARCHÉOLOGUES AU ZIMISTAN / 7

GALIBETTE ET L'ARBRE SACRÉ DES ARAYAS / 8

90 MINUTES POUR GAGNER / 9

UNE LIONNE AU VILLAGE / 10

BJÖRN LE VIKING / 11

YACOUBA, CHASSEUR AFRICAIN / 12

PARFUM VOLÉ / 13

TEMPÊTES SUR UN BALEINIER / 14

SABOTAGE A LA TÉLÉ / 15

DERNIERS ESSAIS AVANT LE GRAND PRIX / 16

DERRIÈRE LE RIDEAU DE SCÈNE / 17

PREMIER GALOP / 18

LE PLUS BEAU VASE D'ULYSSE / 19

LA BATAILLE DES MARIONNETTES / 20

LULLY DE CHINE EN CHINE / 21

PIÈGE SUR LE TOUR DE FRANCE / 22

LES POMMES CHATOUILLARD DU CHEF / 23
ALERTE À LA MARÉE NOIRE / 24
ALEX ET MONETTE À LA CONQUÊTE DES PÔLES / 25
JEUX DE SURPRISES À LA COUR DU ROI SOLEIL / 26
ARIANE, MISSION ACCOMPLIE / 27
LE SECRET DE DEJEM-NEFER / 28
PRÉHISTORIENS EN HERBE / 29
VIVA EL TORO ! / 30
NICOLAS ET LA SUPERNOVA / 31
LE CAPTEUR DE MOLÉCULES / 32
AMAZONAS / 33
ON A VOLÉ LES BETACAM / 34

Mon Quotidien est le seul journal qui paraît tous les jours
pour les 10-14 ans. Il est édité par Play Bac Presse
(tél. : 08 25 093 393, 0,15 centimes la minute).

Maquette : Karine Benoit

Loi n°49-956 du 16 juillet 1949
sur les publications destinées à la jeunesse
ISBN 2-07-055535-6
Numéro d'édition : 133577
Numéro d'imprimeur : 98473
Premier dépôt légal : juin 2003
Dépôt légal : février 2005
Imprimé en France sur les presses de l'Imprimerie Hérissey à Évreux (Eure).